Quelle République pour le XXIe siècle ?

Volume 2

sous la direction d'Eric Ferrand

Quelle République pour le XXIe siècle ?

Volume 2

Coordination éditoriale et diffusion :
Le Publieur
4, rue Jules Chaplain, 75006 Paris
www.lepublieur.com

ISBN : 978 2 35061 038 2

Sommaire

Préface

Il est toujours salutaire que la réflexion précède l'action notamment en politique. Le projet du groupe « la république du XXIe siècle », autour d'Eric Ferrand, est à ce titre utile dans la période qui s'ouvre, au moment où de nouveaux choix sont à construire.

La République est notre bien commun. Elle est un héritage ancré dans notre histoire. Mais elle est également un socle de valeurs et de principes qui rassemble les Français au delà de leurs options politiques. Pour être vivante elle doit être réinventée, non pas selon les circonstances ou le bon vouloir du prince, mais d'abord pour répondre à la vérité de l'époque.

La République peut-elle encore être utile pour répondre à la crise politique, sociale et morale qui frappe notre pays ? Oui le je crois, mais pas toute seule probablement et c'est toute la complexité de la question posée. Comment la République s'épanouit en cohérence avec des traditions ou des modèles d'organisations politiques bien éloignées de son modèle ? C'est une question que je soumets à la sagacité des auteurs de la république du XXIe siècle.

Au coeur de la conception républicaine la laïcité est un ferment, dont il est souvent nécessaire de rappeler les principes et les réponses qu'elle apporte à notre vivre ensemble.

Qu'il s'agisse de coexistence des identités, d'éducation, de dialogue des cultures, des réponses universalistes sont possibles, malgré la tentation d'apporter des solutions communautaristes.

Il n'est pas possible de laisser dire que la laïcité serait abandonnée à l'extrême-droite. Nous disposons de règles et de lois qui garantissent la liberté religieuse et qui posent des limites infranchissables chaque fois qu'une religion veut aller au delà de son propre espace, celui de la croyance et des convictions. Beaucoup de pays n'ont pas cet héritage, ce modèle, cette large adhésion de la communauté nationale. La laïcité est une chance pour notre pays.

Faut-il pour autant rouvrir le débat sur la laïcité ? Je ne le crois pas. Il suffit d'appliquer clairement ses principes et de faire sa pédagogie. Un exemple, dès lors que le culte musulman compte plus de pratiquants que par le passé, il est normal et naturel, sans financement public, de faciliter la construction de lieux de prière.

Autre pilier de la République, l'école qui transmet des savoirs et construit des citoyens.

La jeunesse est au cœur de ma candidature pour 2012. Je propose de renouer avec le Rêve français, celui qui offre la perspective à chaque génération qui vient de vivre mieux que la précédente.

Cela implique de donner la priorité à l'éducation. C'est une nécessité sociale : notre système éducatif est un de ceux qui reproduit le plus les inégalités sociales. C'est aussi une nécessité économique : les pays qui réussissent le mieux dans la mondialisation sont ceux qui investissent le plus dans l'éducation. La France n'investit pas assez dans ce domaine. 150 000 jeunes sortent chaque année de l'école sans qualification et notre taux de chômage des jeunes nous classe au 24e rang des 27 pays de l'Union européenne. La politique menée par Nicolas Sarkozy consistant à supprimer plus de 60 000 emplois dans l'Education nationale a accru nos difficultés.

Résultats : le taux de scolarisation des enfants de moins de trois ans est passé en dix ans de 34 % à 13 % et la France est devenue le pays de l'OCDE où le nombre d'élèves par enseignant dans le primaire est le plus élevé. Or, toutes les études le démontrent, c'est durant la petite enfance et durant la scolarité primaire que se construit la structure intellectuelle de l'enfant, que se décident les premières inégalités.

C'est pour cette raison que je propose de créer 12 000 emplois par an dans l'Education nationale pendant cinq ans et que je propose d'affecter ces emplois à l'accueil de la petite enfance et à l'école primaire. Ces postes ne seront pas tous des postes d'enseignants, mais aussi des postes d'encadrement, d'éducateurs, d'infirmières et de psychologues.

Dans la continuité des fondateurs de la IIIe république pour qui la construction de la démocratie allait de paire avec la formation des futurs citoyens je souhaite redonner demain un avenir à notre jeunesse.

Oui la citoyenneté est à ressourcer, la laïcité à conforter, l'école à relever, l'égalité devant l'impôt à restaurer, face à ces enjeux je ne doute pas que le travail de la République du XXIe siècle sera précieux pour relever les défis qui nous attendent. Je leur souhaite donc bonne chance.

François Hollande

Sortir des eaux glacées du calcul égoïste !

L'année 2012 verra se dérouler des élections de grande importance : des Présidentielles auront lieu en France mais aussi, aux Etats-Unis et en Russie.

Nous espérons tous qu'en Amérique, les difficultés financières liées à la récession de l'économie ne nuiront pas à la réélection du président Barak Obama, représentant du progrès social.

Dans l'ancien empire des tsars, une partie de « tennis politique » est engagée depuis 2000 entre Vladimir Poutine et Dimitri Medvedev qui s'échangent le pouvoir, comme les sportifs les balles. En vérité, depuis 2000 Vladimir Poutine tient le pays d'une main de fer, contrôlant la presse et bâillonnant l'opposition. De plus, une réforme constitutionnelle, fort opportunément adoptée en 2008, permet de prolonger le mandat du président de quatre à six ans.

En France, nous voulons changer les choses et nous ne voulons pas laisser passer notre chance. Une chance essentielle pour la sauvegarde de notre République.

Elle est aujourd'hui attaquée de toute part et principalement par ceux qui doivent en être les garants : on assiste à l'érosion progressive des caractères politiques spécifiques du régime républicain.

Cinq ans après l'élection de Nicolas Sarkozy, le bilan n'est pas glorieux. La croissance, pour celui qui voulait être le président du pouvoir d'achat, est en berne. Le bouclier fiscal, forgé pour ses « amis », mesure coûteuse qui profite aux plus riches, a été finalement rejeté par l'Assemblée nationale en juin 2011. Toutefois, l'impôt de solidarité sur la fortune a été allégé, sans doute dans un souci de réelle solidarité !

Par contre, d'autres réformes ont été faites à destination du plus grand nombre : allongement de la durée de cotisation et report de l'âge de la retraite, démantèlement de la fonction publique, réductions des moyens de la justice comme de l'hôpital, sans parler de la diminution du nombre d'enseignants. Ces réformes libérales ont désorganisé et fragilisé la société française.

Le dialogue social n'a jamais été aussi mauvais, les droits des salariés ont été méthodiquement remis en cause et critiqués. Le manque de concertation a bloqué l'ensemble des rouages de la société française. Le chômage ne cesse de croître à l'inverse de la compétitivité, ce qui, bien entendu, n'améliore pas l'état désastreux des finances. Le premier ministre, François Fillon reconnaissait lui-même, vendredi 21 septembre 2007, « être à la tête d'un Etat qui est en situation de faillite... ».

Le bilan économique et social est calamiteux et nous pouvons ajouter que sur le plan de l'éthique et de la morale, jamais la République n'a été aussi malmenée. Où est celle dans laquelle tous les citoyens doivent avoir les mêmes droits, les mêmes devoirs et des chances égales de voir s'épanouir leurs talents ?

À un gouvernement, chargé des intérêts communs à tous les citoyens, s'est substituée « la bande du Fouquet's » (Pierre Giacometti, Alain Minc,

Henri Proglio, Vincent Bolloré, Albert Frère, entre autres). Quelques PDG ont signé de somptueux contrats et quelques conseillers ont permis la concrétisation de juteux projets. Aujourd'hui avec les dernières révélations, notamment sur l'affaire dite « de Karachi », on se demande si nous n'avons pas affaire à un clan dont le lien ne serait pas un ancêtre commun emblématique, mais bien l'attrait irrépressible pour le pouvoir et l'argent, voire pour le pouvoir que donne l'argent.

Dans tout clan qui se respecte, la solidarité est un devoir, une obligation car il faut savoir se taire collectivement. D'ailleurs Brice Hortefeux (ancien ministre de l'Intérieur) n'a pas failli à la règle lorsqu'il a prévenu son ami Thierry Gaubert (ex conseiller de Nicolas Sarkozy, impliqué dans le transport de valises d'argent) que sa femme « balançait » à la police. On s'interroge aussi pour savoir comment l'ancien ministre, un des plus proches amis et conseillers du Président, a pu obtenir ces informations. Cela lui vaut de risquer d'être sous le coup d'une enquête préliminaire pour violation du secret professionnel et recel. Déjà l'affaire « Bettencourt » avait mis en évidence des comportements indignes, mais cette fois ci il y a mort d'hommes. Et cela est indéfendable. Quelle République peut mettre à sa tête des individus à ce point prêts à tout pour des mallettes de billets ?

Que penser lorsqu'un ancien premier ministre candidat à la Présidence de la République en 1995 et un ancien ministre du budget, aujourd'hui Président en exercice ont donné leur autorisation pour la création d'une société au Luxembourg : la société Heine qui a vraisemblablement servi pour la redistribution des rétrocommissions issues de la vente des sous-marins au Pakistan.

Qui sont tous ces gens qui annoncent sans honte ni vergogne qu'ils ont transporté des valises remplies d'argent en provenance de pays où la majorité de la population vit sous le seuil de pauvreté ? Est-ce en disant qu'ils ont cessé ces coupables activités qu'ils vont être félicités, ou décorés de la légion d'honneur ?

Comment le citoyen peut-il apprécier de voir tant d'argent répandu au sommet de l'état quand on lui demande de faire des sacrifices et de se serrer la ceinture ?

La liste des affaires et comportements délictueux

financiers ou moraux est longue. Trop longue. À l'aube d'un nouveau quinquennat, alors même qu'une alternance est possible il n'est plus pensable que la République soit ainsi salie et dévoyée.

Les contre-pouvoirs sont, en partie, aux mains de ceux qui tiennent le pouvoir. Les patrons de presse sont félicités ou remerciés selon leur degré de liberté de ton, le président de France Télévision est nommé en direct de l'Elysée. L'exécutif force la main au législatif, les magistrats et les grands serviteurs de l'Etat sont promus s'ils flattent et mutés ou dégagés s'ils n'obéissent pas. A force, un homme et ses affidés, ont fait main basse sur les principaux rouages de l'Etat. La concentration de tant de pouvoirs dans les mains d'un seul homme n'est pas acceptable politiquement et moralement.

On peut donc raisonnablement se demander où est la place du citoyen dans cette conception aussi autocratique du pouvoir.

La séparation des pouvoirs est la garantie de la liberté des individus. Elle est essentielle dans le fonctionnement de tous régimes démocratiques. Son non respect est une grave dérive car cette séparation protège les droits des citoyens.

Heureusement, le Sénat, une institution faite par et pour la droite vient de passer à gauche malgré un scrutin qui, avantageant les communes rurales, favorise la droite.

Ce résultat historique est la conséquence des élections municipales, cantonales, régionales et législatives qui ont vu la montée de la gauche. Souvenons-nous qu'en 2004 aux Régionales, 22 régions sur 24 sont passées à gauche. Durant son mandat de Premier secrétaire du PS (1997-2008) François Hollande a fait progresser la gauche dans l'ensemble des scrutins. Seules les présidentielles sont perdues en 2002 et 2007. La victoire au Sénat est historique mais aussi symbolique. Dans les Hauts de Seine, département si cher au président ce sont les « anti-sarko » qui font le plein des voix.

Aujourd'hui, le voile se lève, on se prend conscience que l'intérêt général n'est pas au cœur du système de gouvernement. Pour sourire amèrement, souvenons-nous de ce que disait le candidat Nicolas Sarkozy, le 13 avril 2007, dans un clip, sous le slogan « Ensemble tout devient possible » :

« Je veux une république irréprochable. (…) Le président c'est l'homme de la nation, ce n'est pas l'homme d'un parti, ce n'est pas l'homme d'un clan. Je veux que les nominations soient irréprochables (...). Je veux défendre la Ve république, mais je veux changer la pratique de la république, plus de simplicité, plus de proximité, plus d'humilité, plus d'authenticité. Je souhaite, si vous me faites confiance, être le président d'une démocratie moderne qui sera exemplaire au regard du monde ».

Une fois arrivé au pouvoir nous avons pu constater comment le candidat a transformé ses promesses en intérêts particuliers. Nous sommes hélas très loin du Contrat social dans lequel Jean-Jacques Rousseau définit ainsi la République : « tout État régi par des lois, sous quelque forme d'administration que ce puisse être ; car alors seulement l'intérêt public gouverne, et la chose publique est quelque chose. »

C'est là que le citoyen actif et responsable doit agir en connaissance : « Toute personne a le droit de prendre part à la direction des affaires de son pays, soit directement, soit par l'intermédiaire de représentants librement choisis » (Article 21 de la Déclaration Universelle des Droits de l'Homme). La participation de tous aux affaires publiques garantit la démocratie, le citoyen doit pouvoir faire entendre sa voix pour participer activement à la vie collective.

C'est cette République fondée sur des lois qui sont respectées et qui, seules, permettent à tous de vivre égaux en droits et en devoirs sur l'espace géographique de la nation que nous voulons pour 2012.

Pour l'école de la République

La rentrée scolaire 2011 est l'une des pires que l'on ait connue dans notre pays et c'est le résultat sans conteste d'une dégradation continue des moyens et des conditions d'enseignement opérés par ceux qui nous gouvernent depuis cinq ans.

Avec 16 000 suppressions de postes cette année et 16 000 autres prévus en 2012 qui viendront s'ajouter aux 110 000 suppressions tous emplois confondus qu'a connu l'Education nationale depuis 2002, c'est à une véritable entreprise de démolition à laquelle nous devons faire face. Faire face, mais ne pas subir. Se battre sans jamais se résigner pour réhabiliter et développer un système éducatif qui forme le fondement républicain, de la maternelle à l'université en passant par l'enseignement professionnel. Bref, lutter contre les inégalités sociales et l'échec scolaire. Voilà le défi à relever pour qui veut s'en donner la volonté politique.

Et pour ceux qui n'en seraient pas encore très convaincus, malades de la pensée unique amalgamant « éduc-nat. » et privilèges, conseillons leur « l'instructive » lecture du volumineux rapport de l'OCDE paru en janvier et intitulé « regards sur l'éducation »…où la France n'est pas belle à voir dans ce domaine.

Avant tout, relevons dans ce texte quelques réflexions, que Messieurs Sarkozy et Chatel pourraient méditer en guise de morale :

« L'éducation constitue une bonne protection contre le chômage et améliore la probabilité de garder son emploi en temps de crise économique ».

« Le fait de quitter l'école sans diplôme est de plus en plus lourd de conséquences, tant pour les personnes concernées que pour la société toute entière ».

« Les états doivent maintenir leurs investissements afin de préserver le niveau de qualité de l'enseignement, notamment pour les plus vulnérables ». « Les états qui le font en retirent un bénéfice à long terme car les plus diplômés recourent généralement moins au système d'indemnisation du chômage ou à l'aide sociale et paient plus d'impôts lorsqu'ils entrent dans la vie active ».

Ces vérités d'évidence -faut-il s'en étonner de la part de ceux qui conspuent La princesse de Clèves ou qui vénèrent Zadig et Voltaire ?- ne trouvent aucune réalité concrète aujourd'hui dans la conduite d'une politique éducative digne de ce nom.

Et ce n'est pas seulement les dangereux gauchistes que nous sommes qui le clament mais les très distingués chercheurs de l'OCDE qui viennent de dresser le tableau noir de l'école française.

Ainsi, ce rapport nous dévoile le triste constat suivant :

Le taux de scolarisation en France des 15-19 ans a diminué en 10 ans passant de 89 % à 84 %, alors que dans la quasi-totalité des pays de l'OCDE cette tranche d'âge est de plus en plus scolarisée. Et les rapporteurs de dénoncer cette situation : « 13 % de jeunes hors du système scolaire, soit quelque 130 000 par an, c'est une constante macabre depuis de nombreuses années, ce qui fait qu'il y a des efforts à faire. Si l'on ajoute un manque de 50 000 diplômés par an, on peut comprendre que notre pays ait quelques difficultés en matière de croissance et de compétitivité». Cette étude démontre en effet qu'un diplôme du secondaire reste une clef fondamentale pour décrocher un emploi. Le taux de chômage des moins de 25 ans sans diplôme atteint les 30 % en France…

Une précédente enquête menée en 2009 sous l'égide de l'OCDE montrait déjà que « s'il on veut que les jeunes ne quittent ou n'abandonnent pas l'école avant d'avoir décroché un diplôme, fuyant la spirale de l'échec qu'ils doivent y affronter… c'est dès les premières années, même dès la maternelle qu'on lutte contre l'échec scolaire » (!)

Parmi les autres indicateurs de la détérioration : les moyens. « Alors que les effectifs scolarisés sont restés stables dans la plupart des pays de l'OCDE, ou en léger recul dans certains d'entre eux, la dépense d'éducation (dans le primaire et le secondaire) a augmenté, mais c'est moins le cas en France ». Ainsi, entre 2000 et 2008, la dépense par élève a augmenté en moyenne de 34% dans les pays de l'OCDE, mais en France elle est « tout juste de 5 % ».

Les auteurs pointent également durement le poids des inégalités sociales, toujours aussi fort en France qui se place en 33e position sur 34 pays, en bonne championne de l'inéquité scolaire ! Soit bonne avant dernière pour « offrir » une chance par l'école aux enfants de milieux défavorisés et/ou issus de l'immigration… « un enfant d'immigré de première génération en France a toutes les "chances"…de subir un retard scolaire d'un an et demi par rapport à ses camarades ». Et de conclure : « indiscutablement, nous sommes loin de cette école républicaine que nous clamons beaucoup en France ».

Enfin, comment parler de l'école sans parler de ses enseignants ? Là aussi, le rapport est sans ambiguïté : « En France, le salaire statutaire des enseignants du primaire et du secondaire est inférieur à la moyenne des pays de l'OCDE, aussi bien pour les débutants que pour ceux qui ont dix ou quinze ans d'expérience. Alors que, depuis 1995, le salaire statutaire des deux tiers des pays a augmenté en valeur réelle, il a diminué en France »… « on peut s'interroger sur l'attractivité du métier » concluent pudiquement les auteurs.

Cette situation n'est plus tenable d'autant que le nombre de place aux concours de recrutement a baissé ces dernières années et que certaines disciplines peinent à recruter. N'oublions pas non plus la quasi disparition de la formation des enseignants, cachée sous l'appellation de « mastérisation ». Ajoutons également ce que mettent en lumières les chercheurs à savoir que les pays qui ont enregistré des progrès dans leurs résultats sont ceux qui ont mis en place des politiques d'amélioration de leur enseignement et de leurs enseignants, via, entre autres, une augmentation des salaires statutaires et un fort investissement dans la formation.

Que de chemin à parcourir, que de retards à rattraper !

Notre société, plongée dans la régression éducative, une éducation nationale étranglée par la logique comptable d'une politique ultra-libérale a besoin urgemment d'une véritable vision en la matière. Avec l'idée que l'école est un projet. Un projet républicain qui tend vers l'approfondissement des savoirs, de la conscience et par-dessus tout de la liberté.

Avec une volonté politique très affirmée de restitution des moyens confisqués depuis 10 ans ; mais aussi avec l'affirmation de la nécessité d'une plus grande continuité dans la succession des étapes de la scolarité (de la maternelle à l'université) et la refondation du temps scolaire, aussi bien pour les élèves que pour les enseignants. Avec aussi la reconnaissance du rôle de l'enseignant, par le soutien de ses gouvernants, par sa revalorisation tant pour le salaire que pour son autorité. Avec une école placée au cœur de la question sociale, elle-même placée au cœur de la décision politique. Avec en somme une société qui se réconcilie avec son école, autrement dit avec elle-même.

Faisons ce rêve, il ne tient qu'à nous qu'il devienne réalité.

Et pour cela, il faut renouveler à partir de l'idée républicaine toujours actuelle et même plus moderne que jamais. Relever ce défi, c'est d'abord placer la République sur ses bases, et c'est refonder l'école. Dans l'enfance, l'école, comme dans les défis à venir, l'Europe, la République doit guider nos pas.

L'école sera au coeur de la campagne présidentielle française. La crise de l'éducation que nous connaissons, liée dans sa forme à la baisse drastique et dangereuse des moyens et dans sa profondeur à l'excessive permissivité qui s'est emparée de l'école, réduit comme peau de chagrin l'égalité des chances des enfants de famille modeste. Dès lors qu'il n'y a plus de principes, tout est permis et on récolte la délinquance.

On ne transmet que les valeurs auxquels on croit. Entre la République et son école, le pacte est à réinventer. Pour le faire il faut recentrer l'école sur sa mission première, qui est la transmission des savoirs et des valeurs, et la garantie de l'autorité qui la rend possible, celle du maître, magister et non pas dominus.

Il est encore temps de mettre un terme à des dérives, parfois pavées de bonnes intentions. On voulait ouvrir l'école sur la vie, mais c'est la société, avec ses inégalités, ses injustices et sa violence qui sont entrées dans l'école. On a voulu placer l'enfant au centre du système en oubliant que c'est la transmission du savoir qui doit être centrale.

De réformes en réformes on a créé l'instabilité, brisé les repères par de constants remaniements des programmes et des cursus. Il est temps au contraire de garantir l'apprentissage des connaissances élémentaires par tous les élèves en primaire, à commencer par la langue française, outil incomparable de l'intégration sociale et politique. Plus la société est éclatée, plus l'école de la République doit affermir son unité, chance de l'égalité.

Donner aux élèves le sens de l'effort est le meilleur soutien que nous puissions leur apporter pour leur réussite. Il faut rendre hommage aux enseignants qui, à contre-courant des modes dominantes, du culte de l'argent, de l'arrogance de l'égoïsme, du chacun pour soi, font valoir les valeurs du travail bien fait, le goût de l'effort, la joie de comprendre, la fierté de s'élever.

Relever le défi d'une société éclatée, c'est d'abord fixer ses missions à l'école de la République. Ce projet est complètement moderne, parce qu'il prépare nos enfants à la vie professionnelle. Sans toutefois chercher à adapter étroitement l'école au monde du travail. Ce serait une erreur, parce que les mutations techniques incessantes exigent en premier lieu une bonne formation générale. L'ouverture de l'école sur l'économie ne doit pas être son asservissement au monde des marchands, mais la préparation de futurs citoyens dotés de libre-arbitre, capables de s'orienter dans un monde complexe. Le but de la société politique c'est de faire des égaux, des citoyens libres.

L'école doit donc se trouver au premier rang de la lutte contre les inégalités sociales avec un accès à l'école maternelle avant l'âge de trois ans !

La formation à la citoyenneté doit être la deuxième grande mission de l'école. Seule l'instruction donne au citoyen les moyens de se forger un jugement éclairé et de ne pas se dessaisir de son pouvoir de décision au profit des experts...ou des démagogues.

L'école demeure le meilleur moyen d'intégrer pleinement à la collectivité nationale les enfants venus de l'immigration. A condition évidemment qu'ils soient incités à devenir partie prenante d'une société politique qui s'appelle la France qui a connu ses ombres et ses lumières mais qui mérite d'y être attachée. La mode de la repentance, trop largement répandue, freine et paralyse l'immense effort qui s'impose pour un égal accès à la citoyenneté de tous les jeunes, d'où qu'ils viennent.

L'école enfin n'est pas simple affaire de prestations de services, une marchandise susceptible d'être privatisée comme l'avance l' Organisation Mondiale du Commerce. Ce n'est pas un service public comme un autre. Ecole et République ont bien sûr une histoire commune. Elles ont surtout un grand avenir en commun !

C'est l'école qui éduque à la liberté par la formation du citoyen; ce que Langevin nommait l'élitisme républicain mérite d'être compris : la promotion de tous pour la sélection des meilleurs. Quel meilleur antidote à l'hérédité de caste qui quadrille notre société ?

La laïcité s'apprend à l'école. Elle ne germe pas spontanément à l'esprit. C'est une conquête de la raison que de protéger l'espace public commun des dogmes, que de distinguer une sphère publique d'une sphère privée. Ne jamais accepter qu'aucune communauté prétende dicter aux autres ses propres règles, s'exercer à rechercher l'Universel dans chaque culture, respecter la liberté de conscience et refuser qu'une loi particulière s'érige en règle générale sans que les citoyen en aient délibéré. La laïcité n'est pas la licence donnée à toutes les communautés de coloniser l'espace public; elle défend et construit au contraire la liberté de penser de chaque citoyen en préservant l'espace public.

Mendès-France disait : « gouverner, c'est former pédagogiquement le citoyen ». C'est ce que nous pensons. Et placer l'école, avec les valeurs de la République, au premier rang des tâches que doit s'assigner un chef de l'état est une nécessité. Parce que pour nous, là est le socle du réveil républicain dont notre pays a besoin.

Affermie sur ses bases, la République pourra alors affronter les défis de son avenir.

les jurys populaires sont-ils une avancée démocratique ?

« La justice est rendue au nom du peuple français, désormais elle sera rendue aussi par le peuple français », Nicolas Sarkozy, 3 février 2011.

Dans son discours du 3 février 2011, Nicolas Sarkozy annonce que les tribunaux correctionnels, à l'instar des cours d'assises, seront désormais composés de jurés populaires, aidés de magistrats professionnels qui rendront la justice. Cette démarche vise à « rapprocher le peuple de sa justice ».

Outre la défiance que l'on sent poindre de la part du président à l'égard des magistrats, cette volonté révèle au mieux une déconnexion avec la justice réelle, celle qui tente de faire son travail le plus consciencieusement possible dans des conditions précaires, au pire une instrumentalisation du rôle des citoyens dans la justice au service d'une cause sécuritaire.

La Cour d'assises est la juridiction compétente pour connaitre des crimes (un crime est une infraction passible de 10 ans de réclusion criminelle). Elle est à ce jour, composée de 3 magistrats professionnels et de 9 jurés en première instance et 12 en appel. La loi du 4 août 2011, entrant en vigueur le 1er janvier 2012 fait passer le nombre des jurés à 6 en première instance et à 9 en appel. [1]

L'instauration de jurés en matière correctionnelle risque de se heurter à des difficultés techniques évidentes.

Tout d'abord, d'un point de vue humain, la cour d'assises siège de façon trimestrielle, alors que les tribunaux correctionnels rendent la justice tous les jours. Imposer des jurés pour toutes les affaires correctionnelles reviendrait donc à les solliciter quotidiennement.

1 Article 13 de la loi du 4 août 2011, VI, « Le jury de jugement est composé de six jurés lorsque la cour statue en premier ressort et de neuf jurés lorsqu'elle statue en appel. »

Par ailleurs, la Cour d'assises est compétente pour les crimes d'une certaine gravité, et donc heureusement, « relativement » rares. A l'inverse, les infractions susceptibles de tomber dans le champ de compétence du tribunal correctionnel sont légion. Grossièrement, toutes les infractions pénales punies d'une peine d'emprisonnement inférieure à 10 ans, sont susceptibles d'être jugées par le tribunal correctionnel.

Cette catégorie d'infractions est donc plus large que celle des crimes et recouvre un nombre d'affaires très nettement supérieur.

Par conséquent, la présence de jurys populaires au niveau correctionnel apparait difficilement réalisable à plusieurs niveaux.

Sur le plan humain, il faudrait trouver des personnes, en nombre suffisant, susceptibles de consacrer un temps extrêmement important aux affaires qui leur sont soumises.

La majorité présidentielle consciente de l'impossibilité pour des jurés d'être présents pour toutes les affaires correctionnelles (quelques 600 000 par an), a proposé qu'ils ne siègent que pour les plus importantes. Encore faut-il parvenir à définir ces infractions « les plus graves », on peut songer aux agressions sexuelles, aux vols avec violence, aux homicides involontaires. Ce choix est entouré d'un flou qu'il serait bon de dissiper rapidement.

Concernant leur formation, les jurés sont par essence des personnes qui ne sont pas habituées aux procédures judiciaires. Ils doivent donc être aidés, assistés par des professionnels, disponibles pour répondre à leurs questionnements sur le fonctionnement de la justice, les principes directeurs du droit pénal, la procédure devant le tribunal et les peines applicables.

D'une part, la durée des procès sera forcément rallongée. D'autre part, cela représente un investissement extrêmement important en termes d'effectif et d'argent.

Par ailleurs, les jurés, tirés au sort, sont astreints à exécuter leur « devoir judiciaire » sous peine d'une très forte amende. Pour autant, cela a un coût. En effet, ils doivent être indemnisés du temps qu'ils mettent au service de leur pays et ils ne doivent pas être financièrement pénalisés par le fait qu'ils aient permis à la justice de dire le droit. Ils sont donc indemnisés. Plus il y a de jurés, plus les frais de justice augmentent...

Par conséquent, la réforme présidentielle devra s'assortir d'une augmentation importante du budget de la Justice. Il faut reconnaitre que l'Etat a promis d'allouer une somme d'argent à la réalisation de cet objectif. On a parlé dans un premier temps de 120 millions d'euros, aujourd'hui, ce serait plutôt 20 millions d'euros.

On peut alors comprendre la colère des magistrats, qui constatent que lorsqu'il s'agit de financer les services basiques de la Justice, de pourvoir les postes nécessaires à son bon fonctionnement, les caisses sont vides mais lorsqu'il s'agit de débloquer de l'argent pour une réforme qui n'est absolument pas une priorité, le gouvernement y arrive en un temps record.

Pourtant, les tribunaux auraient bien besoin de ces moyens financiers afin de rendre leurs jugements dans un « délai raisonnable ». Une augmentation du nombre de juges, de personnels judiciaires et pénitentiaires qualifiés tels que des conseillers pénitentiaires d'insertion et de probation comme l'a montré l'affaire Laetitia Perrais, est plus que nécessaire. Et ce n'est pas le budget ridicule alloué à la Justice, l'un des plus faibles d'Europe qui le permettra. En effet, il ne représente que 0,19 % du PIB, ce qui place la France au 37e rang sur 43 pays européens en la matière. [2]

En outre, on peut légitimement se questionner sur le sens et l'intérêt profonds de cette réforme. Vouloir placer des citoyens lambda à plusieurs niveaux de la justice pénale, ne serait-ce pas un moyen de désavouer les professionnels de la justice avec lesquels M. Sarkozy a le plus grand mal à s'entendre ? Attend-il des jurés une fermeté que les juges n'auraient pas ?

Dans ce cas, la figure du juré serait complètement instrumentalisée pour servir un intérêt politique. A l'appui de cette thèse doit-on rappeler que le 1er avril 2010, dans son rapport sur le fonctionnement des juridictions le député UMP Jean-Paul Garraud reprochait à ce « double système de Cour d'assises » (première instance et appel) d'être « extrêmement lourd. Il est sans aucun doute coûteux.

---

2 http://lexpansion.lexpress.fr/economie/le-budget-de-la-justice- francaise-est-l-un-des-plus-faibles-d-europe_248422.html

Il mobilise beaucoup d'énergie, de temps et d'argent. Surtout, en raison de sa lourdeur, il contraint trop souvent les juges et les procureurs à contourner ce qui constitue une difficulté, en fait, insurmontable. » [3]

Partant de ces considérations et pointant du doigt le problème de la « correctionnalisation » des crimes - pratique consistant à omettre certains faits aggravants susceptibles de faire basculer l'incrimination du délit au crime afin qu'elle demeure de la compétence du juge correctionnel - il proposait de supprimer les jurés en première instance, en matière criminelle.

Il préconisait la création de juridictions échevinales, composées de 3 magistrats professionnels et deux échevins (des non professionnels, citoyens lambda ou personnes aptes à exercer la fonction de juge en raison de leur métier ou de leurs compétences).

À peine un an plus tard, changement radical. Les jurés retrouvent les grâces présidentielles. On

---

3 Proposition de loi n° 2421 tendant à la création d'un tribunal d'assises départemental. http://www.assemblee-nationale.fr/13/propositions/pion2421.asp

ne veut plus les supprimer en Cour d'assises, ils sont redevenus le socle de la justice. Ils doivent donc être la pierre angulaire du système pénal français et par conséquent, être présents dans les tribunaux correctionnels. Sincérité ou instrumentalisation ?

Par ailleurs, lorsque Monsieur Sarkozy énonce que la justice française doit être rendue par des citoyens français, cela impliquant des jurés populaires au niveau correctionnel, il commet grave une erreur. Les juges sont des citoyens français. Ils ont simplement reçu une formation spécifique qui fait d'eux des « experts » des questions juridiques et judiciaires.

Par conséquent, lorsque des juges statuent, la justice est rendue par des Français en qui d'autres Français ont investi le pouvoir de condamner. Le seul parallèle opéré par Christophe Régnard, président de l'Union Syndicale des Magistrats, révèle l'aberration de la proposition de Nicolas Sarkozy : « On ne demande pas aux patients d'aller opérer dans des blocs opératoires ».

On peut reprocher à cette proposition de créer une justice correctionnelle à deux vitesses. Les délits les plus graves auront les honneurs du jury populaire. Les délits « mineurs » devront se contenter des magistrats...

C'est ici qu'apparait réellement la défiance de M. Sarkozy envers la Justice. Il est reconnu aux magistrats une compétence que les jurés n'auraient pas pour juger des délits complexes (notamment financiers, fiscaux, internationaux). Par contre, ces derniers seraient plus à même de juger des affaires de vol, agressions sexuelles, etc.

N'est-ce pas une manière de soustraire aux magistrats leur pouvoir que le Président redoute ?

En instaurant des jurés populaires, M. Sarkozy tente d'amadouer les citoyens et donc les électeurs. Il semble leur dire qu'ils sont les seuls juges nécessaires à la société française, reléguant les juges professionnels au traitement d'affaires trop complexes pour être appréhendées par un « profane du droit ».

Les motivations de l'instauration des jurés en matière correctionnelle mériteraient une analyse approfondie. La question qui vient immédiatement à l'esprit est de savoir si le Président de la République espère simplement des jurys populaires une sévérité exemplaire. Par ce biais, il pourrait circonscrire les décisions de ces magistrats qui participent par leur laxisme à la commission d'infractions. [4]

Par ailleurs, si les jurés sont d'une importance si capitale dans le système pénal français, pourquoi avoir très récemment diminué leur nombre en Cour d'assises ?

Décidément, il est difficile de croire que la participation des jurés au système pénal relève d'une idéologie de fond et que la démagogie n'a rien à voir avec…

---

4 Nicolas Sarkozy, Février 2011, à propos de l'affaire Laetitia Perrais/Tony Meilhon « Quand on laisse sortir de prison un individu comme le présumé coupable sans s'assurer qu'il sera suivi par un conseiller d'insertion, c'est une faute. Ceux qui ont couvert ou laissé faire cette faute seront sanctionnés, c'est la règle »

Quelle place les nouvelles lois font-elles aux mineurs délinquants ?

Les délinquants de 1945 n'ont peut-être pas grand-chose à voir avec ceux de 2011. Nicolas Sarkozy les trouve « plus jeunes » et « plus violents » que leurs ainés. Le propos est en lui-même est discutable mais là n'est pas le problème. En effet, ces paroles prononcées par le président de la République lors d'un discours à Réau, marquent une évolution inquiétante des sanctions contre les mineurs.

L'initiative est pourtant sensée, le droit pénal des mineurs étant régi par une ordonnance du 2 février 1945 sur l'enfance délinquante. Ce texte est ancien. Doit-il être profondément modifié pour autant ?

Sur la forme, très certainement, l'ordonnance ayant été modifiée plus d'une trentaine de fois, une refonte permettrait davantage de cohérence et de lisibilité.

Sur le fond, la réponse se trouve certainement dans l'exposé des motifs de cette ordonnance : « Il est peu de problèmes aussi graves que ceux qui concernent la protection de l'enfance, et parmi eux, ceux qui ont trait au sort de l'enfance traduite en Justice. La France n'est pas assez riche d'enfants pour qu'elle ait le droit de négliger tout ce qui peut en faire des êtres sains. [...] le Gouvernement provisoire de la République française entend protéger efficacement les mineurs, et plus particulièrement les mineurs délinquants ».

À la lumière de ces quelques lignes, il apparait clairement que l'intérêt du texte ne réside pas dans la répression des différentes formes de délinquance juvénile, ni dans le degré de violence que certains jeunes peuvent déployer, ni même dans leur âge lors du premier passage à l'acte. L'essence de ce texte est le mineur délinquant, le risque qu'il représente d'abord pour lui-même et ensuite pour la société.

L'architecture de cette ordonnance s'éclaire alors. L'essentiel n'est pas dans la répression, ni dans l'exécution d'une peine, l'essentiel réside dans l'éducation du mineur. Ainsi, plus le mineur est jeune, plus l'accent est mis sur des mesures éducatives.

Pourtant, ces dernières années ont donné lieu à de nombreux chamboulements de la justice pénale des mineurs. Si la volonté de la droite est de clarifier, simplifier les règles s'appliquant aux mineurs délinquants, l'intention est louable mais, il semble que la réalité soit bien moins reluisante... L'orientation de la politique pénale des mineurs amène plutôt à penser que les pouvoirs publics entendent durcir les sanctions à l'encontre des mineurs.

Ce constat montre bien que les différents gardes des Sceaux de la mandature de Nicolas Sarkozy ont abandonné l'esprit humaniste qui habitait leurs prédécesseurs. Ils ne voient dans la justice des mineurs qu'une fonction punitive dont le but, à terme, est d'assurer une sécurité maximale aux citoyens, au détriment d'une politique de réinsertion de jeunes en devenir. Dans cette optique, les peines-planchers ont leur place dans l'arsenal juridique des majeurs comme des mineurs.

Toutefois, on ne peut se résoudre, particulièrement lorsqu'il s'agit d'enfants ou d'adolescents, à ce que la Justice ne soit là que pour punir. Elle a une fonction éducative.

Par conséquent, on peut qu'approuver l'idée de reconstruire l'ordonnance de 1945 ou même de créer un code de droit pénal des mineurs. Cependant, il faut s'assurer que la raison d'être de ce texte majeur, sa ratio legis, sa philosophie demeurent intactes. Les mineurs, tout délinquants qu'ils soient, doivent être protégés en ce qu'ils sont des adultes en devenir, des personnes dont le futur n'est pas figé et pour lesquelles la société doit faire un effort pour leur permettre de la réintégrer.

Les réformes récentes touchant au droit pénal des mineurs, loin de s'inscrire dans cette logique de réintégration du mineur, prouvent bien une crainte et une méfiance accrues à son endroit.

Jusqu'en 2002 et la loi Perben, la doctrine majoritaire, soutenue en ce sens par la Chambre criminelle, considérait que le mineur de moins de 13 ans était présumé pénalement irresponsable, sans qu'une preuve contraire puisse être apportée.

La loi Perben modifie l'article 122-8 du Code

pénal, au terme duquel les mineurs « capables de discernement » sont pénalement responsables des crimes, délits ou contraventions qu'ils commettent. Le législateur préfère une notion plus souple permettant d'apprécier la responsabilité pénale du mineur. S'il a conscience de ces actes, il sera susceptible de comparaitre devant une juridiction répressive. Globalement, « l'âge de raison » oscille, en France, entre 8 et 10 ans.

Cette loi a le mérite de laisser l'appréciation du discernement de l'enfant à un professionnel compétent. Le nombre des années n'étant pas forcément révélateur de l'éveil de la conscience de l'enfant.

Autrefois, le régime du mineur de moins de 13 ans était similaire à celui du moins de 10. La loi Perben de 2002 a modifié cela. En effet, le mineur de moins de 10 ans, même doté d'un discernement suffisant ne peut être condamné à une peine. Il s'expose éventuellement à des mesures éducatives (remise aux père et mère, placement dans une institution, placement sous le régime de liberté surveillée, etc.).

Le mineur de moins de 13 ans risque quant à lui, des « sanctions éducatives » (telles que la confiscation d'un objet ayant un rapport avec l'infraction, la réparation du dommage causé par l'infraction, l'éloignement temporaire du mineur de certaines personnes – coauteurs, victimes, complice – ou de certains lieux, exécution de travaux scolaires, placement dans un internat, stage de formation civique, etc.).

La loi Perben de 2002 aboutit donc à un non-sens complet. On déclare le mineur doté d'un discernement suffisant pénalement responsable, c'est-à-dire apte à répondre de ses actes devant une juridiction répressive alors même qu'il n'encourt aucune peine. On admet donc une responsabilité sans sanction, ce qui équivaut à une irresponsabilité. À ce jeu, autant déclarer directement le mineur de moins de 13 ans irresponsable pénalement, quitte à décevoir la frange de l'électorat à la recherche d'une justice toujours plus stricte envers les délinquants, même les plus jeunes.

Concernant les mineurs entre 13 et 16 ans, les mesures éducatives demeurent le principe bien que de vraies sanctions pénales peuvent/puissent être prononcées à leur encontre si les circonstances de l'infraction et la personnalité du mineur l'exigent.

Par ailleurs, les mineurs de 13 à 16 ans bénéficient de plein droit de « l'excuse de minorité » qui diminue de moitié le quantum de la peine encourue. Par exemple, si l'infraction est punie de 10 ans d'emprisonnement, le mineur n'encourt au maximum que la moitié de cette sanction.

Les mineurs de plus de 16 ans sont susceptibles d'être condamnés dans les mêmes conditions qu'un majeur. Cette décision doit être spécialement motivée.

Un durcissement des règles relatives au droit pénal des mineurs a eu lieu par une loi du 10 août 2007 qui aménage encore davantage l'ordonnance de 1945. L'excuse de minorité est toujours prise en compte pour les mineurs de 13 à 16 ans, le quantum de la peine est donc diminué de moitié.

Par contre, elle peut être écartée pour les mineurs de plus de 16 dans des conditions élargies. En effet, la récidive de certains crimes et délits graves (atteinte volontaire à la vie ou à l'intégrité physique ou psychique de la personne, les violences volontaires, un délit commis avec la circonstance aggravante de violence) permet d'écarter l'excuse de minorité sans motivation spéciale.

La loi de 2007 relative à la récidive a même introduit une disposition qui écarte par principe l'excuse de minorité pour un mineur de plus de 16 ans qui vient à commettre une infraction grave une deuxième fois en état de récidive.

Dans le même temps, une modification de l'article 4 de l'ordonnance de 1945 permet de mettre les mineurs de 10 à 13 ans en retenue dans un local de police pendant 12 heures, renouvelables une fois, et ce pour un crime ou un délit punissable d'au moins 5 ans. Avant cela, l'hypothèse était réduite à 10 heures et pour un crime ou délit punissable de 7 ans d'emprisonnement.

En 2004, Monsieur Perben récidive – ironique pour un garde des Sceaux - avec une loi portant sur l'adaptation du la justice aux évolutions de la criminalité. Désormais, la garde à vue d'un mineur de plus de 16 ans peut être prolongée jusqu'à 96 heures.

L'accumulation de ces durcissements discrets doit nous interpeller. D'autant plus qu'en 2008, Mme Dati propose d'abaisser le seuil de la responsabilité pénale à 12 ans au lieu de 13. L'idée a, fort heureusement, rapidement été écartée. Les couvre-feux ciblés sur les mineurs de 13 ans délinquants chers à Brice Hortefeux, le placement sous bracelet électronique des mineurs de plus de 13 ans, le passage en comparution immédiate sans entretien préalable avec un juge pour enfants, la création d'un tribunal correctionnel spécial pour les mineurs de plus de 16 ans récidivistes, sont autant de signes d'une société qui souhaite punir ses mineurs délinquants plus que les éduquer parce qu'elle en a peur.

Le gouvernement joue sur le climat de crainte que la délinquance juvénile a instauré dans l'imaginaire des Français. Pour séduire les électeurs, l'Etat propose des sanctions au lieu d'offrir des réponses sociales, scolaires et éducatives à cette délinquance.

À ce propos, Mme Dati a justifié l'évolution de la répression des infractions commises par des mineurs par la transformation de la délinquance juvénile elle-même. Cette dernière augmenterait alors que celle des majeurs diminuerait, les mineurs seraient des délinquants de plus en plus jeunes mais surtout le nombre des infractions de nature de nature criminelle aurait explosé, imposant un durcissement à l'encontre des mineurs.

Le sociologue Laurent Mucchielli spécialisé sur les questions de délinquance s'est employé à prouver le contraire. Se basant sur les mêmes statistiques, il arrive à la conclusion inverse [5]. Sur tous les points soulevés par la garde des Sceaux, ils ne s'accordent que sur un seul, l'augmentation importante du nombre de viols perpétrés par des mineurs. Le sociologue analyse cette augmentation comme la conséquence de la meilleure dénonciation de ces actes et non pas comme l'augmentation de leur fréquence réelle.

Madame Dati explique, sur le plateau de À vous de juger, le 16 octobre 2008, que les mineurs délinquants modernes sont des violeurs, des ravisseurs, des trafiquants de stupéfiants ou encore des bruleurs de « bus dans lesquels il y a des personnes ». Pourtant les statistiques utilisées par M. Mucchielli démontrent que dans toutes les affaires où des mineurs commettent des infractions, seulement 1,3 % relèvent de crimes.

---

5 Analyse disponible sur le site de la revue Champ Pénal, Note statistique de (re)cadrage sur la délinquance des mineurs. http://champ- penal.revues.org/7053

Le Conseil constitutionnel tente de limiter cette accumulation de mesures répressives concernant les mineurs. Il a censuré plusieurs initiatives de la majorité, désavouant complètement les dérives sécuritaires de la droite. Tout d'abord, il a élevé au rang de principes fondamentaux reconnus par les lois de la République la règle concernant l'atténuation de la responsabilité pénale des mineurs en fonction de l'âge, ainsi que « la recherche prioritaire de mesure adaptées à l'âge et à la personnalité des mineurs afin d'assurer leur relèvement éducatif et moral ».

Ce faisant, les sages de la rue Montpensier rappellent la spécificité du droit pénal des mineurs. C'est sur ces fondements qu'ils se basent pour censurer la proposition de punir à une peine-plancher des mineurs primo-délinquants. Tout comme ils se sont opposés à la loi d'orientation et de programmation pour la performance de la sécurité intérieure, Loppsi 2, critiquant les choix « manifestement inappropriés » du gouvernement, notamment une procédure de citation directe pour les mineurs sans entretien préalable avec le juge pour enfants, similaire à celle de la comparution immédiate pour les majeurs.

D'autre part, l'année 2002 a vu la création de centres éducatifs fermés (CEF). Leur but étant de prendre en charge les mineurs délinquants difficiles, en rupture avec la société.

À l'origine, seuls les mineurs entre 13 et 16 ayant commis une infraction passible d'une peine d'emprisonnement supérieure ou égale à 5 ans et ayant déjà fait l'objet d'une mesure pénale pouvaient être condamnés à un placement en CEF.

La loi de 2007 a largement élargi les conditions de placement en CEF. Il suffit que le mineur encoure une peine d'emprisonnement supérieure ou égale à 7 ans, sans condition de réitération ou de récidive pour être placé en CEF.

Par ailleurs, si le mineur méconnait les obligations qui lui sont imposées dans ces CEF, ils s'exposent à des sanctions qui peuvent aller jusqu'à l'incarcération.

Ces établissements sont l'exemple même de la politique répressive à l'égard des mineurs. A l'origine, ils s'inséraient dans une réponse pénale graduée. Dans un premier temps, le mineur faisait l'objet de mesure ou de sanction éducative. Si celle-ci n'avait pas l'effet escompté, il était susceptible d'être placé en CEF.

Aujourd'hui, des primo-délinquants peuvent être placés en CEF. Ces centres peuvent donc être la première réponse pénale pour des mineurs ayant commis une infraction.

Enfin, dans l'hypothèse où les CEF n'offriraient pas des conditions de vie assez strictes et sévères aux délinquants, le gouvernement a mis en place des établissements pénitentiaires pour mineurs (EPM), réservés à des détenus entre 13 et 18 ans. Ils ont une vocation encore plus répressive que les CEF. Cela doit être la raison pour laquelle bon nombre de juges pour enfants refusent d'y envoyer des délinquants ou bien que des éducateurs y sont pris en otage ou encore que plusieurs jeunes s'y suicident...

Pour conclure, on peut voir que la droite, au lieu d'annoncer clairement une politique de durcissement de la répression de la délinquance juvénile, préfère agir insidieusement, par petites touches. Cette accumulation de « petits changements », qui pris individuellement pourraient être supportables, a provoqué le démantèlement du droit pénal des mineurs tel qu'imaginé en 1945.

Opérer une refonte du système ne serait pas une choquant en soi, à la condition que les politiques n'oublient jamais qu'un enfant ou un adolescent est un adulte en devenir. S'il commet des infractions en connaissance de cause, il doit répondre de ses actes. En contrepartie, la société doit lui laisser la porte grande ouverte afin qu'il puisse se réinsérer et qu'il ne porte pas pour le reste de sa vie la marque de ces errements passés.

La femme serait-elle l'avenir de l'homme politique ?

Aujourd'hui l'accession des femmes en politique est l'illustration du renouveau. L'égalité homme/femme s'identifie avec l'évolution naturelle et nécessaire de la démocratie. Les sociétés bougent et évoluent, ce faisant, elles exigent de véritables transformations. Il importe donc d'être en phase avec la demande du corps social et de l'électorat, encore très volatil. L'opinion publique, venue au secours des femmes, a réussi à faire en sorte que le monde politique ne soit plus un bastion d'hommes. La nécessité de la présence conséquente de femmes semble avoir été entendue et le monde politique a été obligé de la prendre en compte.

Cependant, les réactionnaires de toutes tendances et de tous pays, veulent par tous les moyens renvoyer les femmes au foyer. Le retour à l'ordre moral qui se profile un peu partout dans le monde fragilise nos positions encore instables. Face à ce danger, les femmes doivent absolument être une force active et s'installer à des places décisionnaires et stratégiques.

Autre exigence : faire définitivement cesser la « promotion canapé » qui, outre la récompense de certains bienfaits, permet la mise en place de potiches dociles.

Il est indispensable que les femmes soient appréciées pour leurs capacités, pour leur travail, sans avoir le moindre tribut à payer, de quelque nature que ce soit. En ne devant leurs sièges qu'à leurs qualités intrinsèques et à la force leurs convictions, elles prouveront (car les femmes doivent toujours prouver aux autres) qu'elles sont parfaitement à leur place et montreront tout ce qu'elles peuvent apporter à la société.

Parce que les femmes ont toujours vécu des situations plus difficiles que les hommes, elles sont plus à même de comprendre ceux qui sont en difficulté comme ceux qui souffrent. Cette image est peut-être réductrice mais les siècles d'oppression que les femmes ont subis les ont rendues plus réceptives aux voix du monde. Flora Tristan écrivait au 19è siècle « L'homme le plus opprimé peut opprimer un être, qui est sa femme. Elle est le prolétaire du prolétaire même ». C'est ce triste héritage que les femmes portent encore aujourd'hui.

Cette situation vient de loin. Dans l'histoire, nul ne leur reconnaissait de statut, ni chez les grands ni chez les pauvres. Chez les puissants, elles n'existaient que dans une relation de subordination (femme de, ou encore maîtresse de). C'est particulièrement vrai chez les rois, où on ne s'encombrait d'aucune prévention.

Qui aujourd'hui se souvient de ces femmes et du rôle majeur qu'elles ont joué dans la constitution de notre pays ? A part Jeanne d'Arc célébrée parce que brûlée par les Anglais ou Diane de Poitiers célébrée pour sa beauté, qui sait ce qu'encore aujourd'hui on leur doit ?

Il est vrai que les femmes servaient les rois, soit en apportant des territoires matérialisant ainsi des alliances, soit elles n'existaient véritablement que pour servir de victimes expiatoires (la Comtesse du Barry ou Marie-Antoinette, par exemple).

Aujourd'hui, c'est encore un peu la même chose. Une femme c'est bien sur la photo, ces messieurs se chargent du reste ! Mais s'il faut trinquer, là les choses changent ! Edith Cresson, les Jupettes ou Dominique Voynet savent de quoi il s'agit.

Aujourd'hui les femmes sont encore et toujours « la variable d'ajustement » notamment pour l'emploi. Pourtant plus brillantes à l'école, elles sont moins bien formées que les hommes et bien entendu, bien moins payées. Remises, dans leur contexte, y a t-il sur le fond une si grande différence entre les femmes ouvrières du 19è et les femmes employées dans la grande distribution aujourd'hui ?

Partout et de tout temps les femmes sont dans des situations toujours plus précaires. Dans ce domaine, contrairement à la grammaire française, c'est vraiment le féminin qui l'emporte !

En parodiant la formule qui dit que « la meilleure façon de voler une banque, c'est d'en posséder une », on peut affirmer que le meilleur moyen pour les femmes d'être reconnues c'est de prendre le pouvoir et de le partager avec l'autre (plus petite) moitié de l'humanité : les hommes.

Les femmes sont présentes dans les associations (moins aux postes décisionnaires) et occupent une place importante dans la vie civique (52% du corps électoral sont des électrices). Ce n'est pas pour autant que les hommes sont prêts à leurs céder la place. Sur le principe, tous sont plus ouverts les uns que les autres (c'est bon pour leur image) mais dès lors qu'il faut partager, cela devient très difficile.

La complémentarité devient rivalité. C'est là, que certains, habités par le pouvoir, développent d'étranges stratégies pour rester en place contre vents et marées, les exemples sont nombreux.

Il est vrai que les femmes ont cru, après les mouvements féministes des années 70, qu'elles avaient gagné « leur paradis » et que dorénavant il faudrait compter avec elles. Cela a été vrai en apparence : un Secrétariat à la condition féminine est créé en 1974, puis une Ministre des Droits de la femme est nommée en 1981. De condition féminine, voulue par la droite nous arrivons, avec la gauche, aux droits des femmes.

Les femmes ne sauraient se contenter de leur seule condition, faite par la société des hommes. Elles préfèrent se battre et faire valoir leurs droits légitimes. La parité est la suite de ce combat, une fois encore mené par la gauche.

Il est vrai que les femmes doivent être en mesure de se libérer du temps pour se lancer dans une activité politique, activité particulièrement prenante. Les hommes, sur les épaules desquels pèsent moins de contraintes avancent plus rapidement et, à quarante ans, ils ont plusieurs années d'avance sur les femmes.

Mais, comme il faut faire de tout obstacle un avantage, c'est parce que les femmes sont plus riches d'expériences contraignantes qu'elles ont la faculté d'être plus compréhensives et plus en phase avec notre temps.

La France est en retard en matière d'égalité hommes-femmes. Il a fallu des lois pour que ce droit naturel puisse exister. Mais de la coupe aux lèvres il est long le chemin…

Nous voulons faire valoir nos talents et nous nous battrons pour que 2012 marque une aube nouvelle pour les femmes.

L'éducation aux arts : une ouverture sur le monde

La mobilisation contre les suppressions de postes dans l'éducation ne cesse de s'amplifier. Elèves, enseignants, parents, se font massivement entendre. Nous avons le devoir de nous battre pour l'avenir de tous les jeunes. De la qualité de leurs formations dépend l'avenir de la nation.

Ce sont plusieurs dizaines de milliers de postes que le ministère de l'Education et le ministère du Budget veulent supprimer.

Suppressions de postes, cela veut dire plus d'effectifs par classe dans les collèges et les lycées, plus d'élèves en difficulté qui auront du mal à suivre. Moins d'options cela signifie en clair : baisse du niveau de culture générale. Nous ne pouvons pas laisser l'Etat opposer systématiquement la logique comptable aux réalités du terrain et nous ne pouvons admettre cette grave atteinte à la qualité de l'enseignement.

Sans instruction, rien n'est possible. Dans nos sociétés un citoyen responsable est un être conscient qui pense pour exister et agir.

En matière culturelle, l'éducation est indispensable. La culture n'est pas innée, c'est à travers son apprentissage qu'une collectivité, un pays se reconnaît. La culture est une construction collective qui se transmet de différentes manières : par la famille qui donne un premier cadre et par le milieu. Mais le seul endroit où l'on peut encore rattraper un certain nombre d'inégalités reste l'école.

Enseigner, c'est transmettre aux futures générations des valeurs. La transmission représente un outil de la continuité sociale, elle s'effectue par la coopération voulue des membres d'un groupe humain. C'est ainsi que se forge notre identité collective, identité qui se manifeste par nos pratiques, nos savoirs et par les valeurs que nous partageons.

Cette identité passe par l'art. L'histoire de l'autre est aussi notre histoire parce qu'elle appartient à celle, globale, de l'Humanité. Se battre pour que l'histoire de l'art soit enseignée comme matière à part entière dans les collèges et les lycées, c'est rendre possible à tous la compréhension des sociétés qui se sont succédé dans le temps et dans l'espace.

Les richesses et les particularités de chaque civilisation effacent toute idée de hiérarchie et valorisent le génie créatif humain qu'il s'exprime avec de la terre, du bois ou des pinceaux. Cette connaissance des créations permet d'apprécier l'ensemble des réalisations de l'humanité sans aucun critère de distinction et plus encore, elle fait partager à tous des émotions semblables.

Cette ouverture sur monde et sur les siècles est indispensable à la culture générale des êtres. L'étude des civilisations antiques des différents continents et des diverses cosmogonies font rapidement comprendre qu'il n'y a rien d'absolu, que toutes les croyances se valent, quelque soit la construction du système.

De cette étude naîtra la flexibilité de la pensée et une meilleure entente envers ceux qui pensent différemment. De plus, une telle discipline étudiée correctement en milieu scolaire formera le goût de l'enfant qui, devenu adulte, éprouvera le besoin de se rendre au théâtre, au concert, au musée, d'ouvrir des livres et de voyager.

Il est du ressort des élus de favoriser cette pratique qui est indispensable au bon équilibre de la personne humaine. Aujourd'hui, en étudiant comment les Français occupent leurs loisirs on constate que ce qui forme le goût relève plus du marketing et du temps de cerveau disponible pour vendre de la publicité à la télévision. Cette occupation de « temps de cerveau humain disponible », n'est pas conciliable avec la volonté de former des esprits libres et créatifs.

C'est là que le service public doit jouer son rôle, dans ces secteurs aussi sensibles que sont ceux de l'éducation, de la production de marchandises et d'idées et qui constituent de manière impalpable l'âme d'une nation. Acquérir une culture, c'est appartenir à un groupe social.

L'exemplarité des élus, une condition de l'exercice républicain

L'état d'une démocratie se vérifie aussi à travers la qualité et la compétence de ses représentants. Afin de répondre à la crise actuelle de la représentation politique, les élus doivent être exemplaires et prouver, chaque jour, qu'ils sont au service du bien commun, de la chose publique : de la République. Certains écrivent la loi, gèrent des budgets, attribuent des subventions, il est donc indispensable que chaque électeur ait la certitude de la sincérité des intentions de ceux qui le représente dans les instances démocratiques de notre pays.

Il importe de renouveler le personnel politique pour éviter l'usure du pouvoir et assurer une meilleure prise en compte des évolutions sociologiques.

Ce phénomène de renouvellement régulier, visible dans tous les pays développés, devrait l'être aussi en France.

Dans ces conditions, il n'est pas impossible que la participation augmente. Celle-ci est un révélateur, l'abstention n'étant que le triste reflet du désenchantement qui vient peut-être de l'image que certains élus donnent et qui touche l'ensemble de la classe politique. En effet, dans un monde où les sphères économiques et politiques s'interpénètrent, il convient de placer le bien général et l'éthique comme valeurs premières. Quelles que soient les contraintes (politiques, économiques, sociales, etc.), tout doit être mis en place pour préserver le bien commun car les valeurs liées à l'intérêt général restent intangibles. Le « partenariat » entre l'élu et l'électeur doit être fondé sur la confiance. L'élu doit être le premier défenseur des principes de la République dont il est le représentant.

Le bien commun est le principal objectif de toute gouvernance. Pour cela quelques principes doivent être impérativement respectés à commencer par celui qui place l'humain au centre des préoccupations bien au-dessus des intérêts partisans.

- Respect des valeurs républicaines,
- Recherche de l'intérêt général dans chaque décision,
- Proximité avec tous et notamment les plus défavorisés,
- Instauration d'un véritable partenariat avec les habitants,
- Etablissement d'un espace démocratique, permanent, ouvert au débat

L'exercice du pouvoir

- Refuser formellement le cumul des mandats préjudiciable à l'exercice de l'un d'entre eux,
- Refuser formellement le cumul des mandats dans le temps,
- Refuser formellement toute personnalisation du pouvoir,
- Refuser formellement toute forme de clientélisme, souvent liée au cumul des mandats,
- Refuser formellement tout lobbying exercé par des groupes d'intérêt,
- Refuser formellement d'utiliser les personnels

ou les biens liés à un mandat à autre chose que l'exercice de celui-ci,

- Refuser formellement de tirer le moindre avantage du mandat confié à son profit personnel comme à celui de ses connaissances,
- Refuser formellement de se servir de sa position pour favoriser amis, ou relations personnelles (marchés publics, recrutement, logements, places en crèches, etc.),
- Refuser formellement tout conflit d'intérêts directs ou indirects,
- Refuser formellement tout favoritisme,
- Refuser formellement tout emploi de complaisance, comme tout emploi fictif,
- S'engager à promouvoir la plus totale transparence sur les attributions (logements, places en crèche, notamment), comme sur ses actions, ses choix et sur son patrimoine,
- S'engager à agir, en toutes circonstances, avec honnêteté et impartialité (attribution de subventions, choix d'entreprise, etc.),
- S'engager à appliquer la parité,

- S'engager à consacrer tout le temps nécessaire au bon fonctionnement du mandat dont il a la charge,
- S'engager à ne pas déléguer son travail à l'administration ou à tout cabinet privé.

Ces quelques propositions ont pour but de rendre visible l'action de transformation des pratiques politiques dans le respect des institutions républicaines comme dans l'intérêt des citoyens.

Le respect de notre environnement

Aujourd'hui on peut se poser avec effroi la question suivante : quelle planète allons-nous transmettre aux générations à venir ?

Parler de transmission au niveau de l'humanité n'est-ce pas aborder le problème complexe des civilisations ?

Nous savons que les civilisations naissent, croissent et disparaissent. Au lendemain de la première guerre mondiale, Paul Valéry écrivait « Nous autres, civilisations, nous savons maintenant que nous sommes mortelles ».

« Les galaxies appartiennent au même ensemble d'êtres, l'une d'entre elles peut mourir, mais une autre ayant les mêmes règles de fonctionnement pourra naître. Ce qui n'est pas du tout le cas pour les êtres de type social-historique: l'empire romain est mort, il n'apparaîtra jamais d'autre empire qui aura le même genre de fonctionnement ni de destin ». (Castoriadis)

Deux problèmes se posent aujourd'hui, comment assurer la transmission :

- **dans le temps**, puisque nous, civilisations, sommes mortelles,
- **dans l'espace**, puisqu'aujourd'hui la civilisation est en passe de devenir planétaire.

Jamais ce cas ne s'était produit dans l'histoire de l'humanité. Au-delà des particularismes locaux, une nouvelle forme de civilisation est sur le point de s'étendre à tous les peuples : la mondialisation et la globalisation même si aujourd'hui ces termes désignent plus des échanges de nature économique, commerciale et financière et ressemblent davantage à un groupement d'intérêts économiques qu'à une réflexion collective posant les bases de toute civilisation.

Si nous sommes parfaitement capables de trouver le profit matériel, quelle sera l'identité « immatérielle » de cette civilisation ? Par immatériel entendons en fait, tout ce qui fonde une civilisation.

Quel sera notre legs aux générations futures ?

« Nous n'héritons pas la Terre de nos ancêtres, nous l'empruntons à nos enfants ». Cette phrase de Saint-Exupéry situe bien la responsabilité que nous avons dans la transmission de notre bien le plus précieux, la vie sur terre.

Notre civilisation planétaire est lourde d'hypothèques :

- **hypothèques financières** : nous avons endettés nos enfants voire nos petits-enfants et les déséquilibres sont majeurs partout dans le monde ;
- **hypothèques économiques** : notre société s'est fondée sur la base de ressources naturelles gratuites, comme l'eau et le pétrole or, on s'aperçoit aujourd'hui que ces ressources ne sont pas inépuisables. Continuer à les utiliser c'est aller vers la pénurie et par voie de conséquence vers des conflits armés ;
- **hypothèques écologiques** :

  – il y a 20 ans à Tchernobyl se produisait un

accident nucléaire particulièrement grave, dans quelques décennies, les fûts de déchets nucléaires finiront par s'ouvrir à cause de la corrosion, c'est un « cadeau » empoisonné pour les générations futures,

- aujourd'hui Fukushima et, dans une moindre mesure Marcoule, posent à nouveau les mêmes terrifiantes interrogations.

À force ces interrogations deviennent des certitudes, le nucléaire n'est pas la solution.

La vie sur Terre est menacée en raison des problèmes posés par le réchauffement de la planète, par l'épuisement des ressources naturelles, par les pollutions des sols et de l'eau que provoquent les industries, par la malnutrition des hommes et par l'extinction de nombreuses espèces vivantes.

Si l'humanité entière se comportait comme les pays du nord, il faudrait deux planètes supplémentaires pour faire face aux besoins. Comme l'indiquent de nombreux scientifiques, c'est l'avenir même de l'espèce humaine qui, à terme, est en jeu.

Dans la perspective moderne de la biologie tout, dans un être vivant, est centré sur la reproduction.

Là encore il y a un paradoxe : comment se reproduire dans un environnement qui ne pourrait plus nous faire vivre et comment transmettre la vie dans de telles conditions ?

Les civilisations sont mortelles, notre civilisation est planétaire, à terme notre biotope ne pourra plus nous supporter. Qu'allons-nous donc laisser comme souvenir à nos successeurs ?

À quoi serviraient toutes les créations artistiques, tous les ouvrages d'art que nous avons su faire si nous ne pouvons plus assurer les besoins élémentaires de notre espèce.

Plus que jamais, il nous faut concilier le développement économique, la cohésion sociale et la protection de la nature. Car ce n'est que collectivement que nous pourrons trouver les solutions.

Comme le disait, non sans humour, Woody Allen : « Dieu est mort, Marx est mort et d'ailleurs moi-même je ne me sens pas très bien ». Les grandes idéologies sont mortes et le malaise est profond dans la civilisation.

L'homme se sent mal, mal de ne plus avoir à suivre à la lettre un testament légué par les sociétés, mal de devoir trouver en lui-même les réponses aux grandes interrogations, mal de ne pas savoir quoi transmettre, si ce n'est dans un réflexe instinctif de survie : la vie.

La préservation de notre biotope est une urgence absolue. Pour cela il nous faut revoir l'ensemble des interactions des sociétés (plus que des civilisations) qui sont devenues planétaires.

Ici les émeutes de la faim, là sur un continent la famine sévit, plus loin et plus près l'eau manque cruellement, là-bas la banquise fond et la liste est si longue.

S'il est des évènements climatiques sur lesquels nous ne pouvons rien (ce n'est pas la première fois que la planète se réchauffe ou se refroidit) il est des comportements que nous devons proscrire et d'autres que nous devons promouvoir.

Notre vision ne peut être rétrécie, il nous faut comprendre que ce qui se passe ici a des conséquences là-bas et inversement. Nous avons la chance de vivre dans un pays où la vie est parfois difficile, mais nous pouvons encore espérer. Quand l'espérance disparaît, ce sont les émeutes qui prennent sa place.

L'écologie, le développement durable doivent

être des axes forts de notre réflexion afin de pouvoir laisser les générations futures espérer un monde meilleur !

Combattre l'abstention pour faire vivre les valeurs de la République

La République est un régime politique dans lequel le pouvoir est partagé. Les gouvernants sont désignés au cours d'élections où tous sont appelés à voter. Dans certains cas, comme pour la désignation des sénateurs, ce sont de grands électeurs (des élus représentant les citoyens) qui votent.

La République a pour fonction de préserver le bien commun qui se compose d'institutions constituées de règles et de personnes qui les servent (l'Education Nationale, la Justice, la Défense, le budget, etc.), d'un patrimoine foncier (des établissements publics), et de richesses sous forme de biens variés (mobilier urbain, équipement électrique, communication, etc.).

Trop souvent, la perception de ce bien commun est profondément altérée, de là vient la défiance vis à vis du politique que l'on accuse de négligence (neg + ligere = nier le lien).

La manière la plus simpliste et évidente d'exprimer cette démotivation c'est le refus de voter, l'abstention. Derrière ce rejet on retrouve pêle-mêle une défiance envers les élites, le sentiment d'un jeu faussé et l'impression d'une corruption rampante généralisée.

Aujourd'hui, ce droit pour les citoyens d'élire leurs dirigeants, du maire au président de la République est partie intégrante du paysage démocratique. Pourtant nous ne pouvons qu'observer différents phénomènes inquiétants : une hausse de l'abstention, un désintérêt général pour la chose publique, une dépolitisation des électeurs. Quelques avancées ont pourtant été opérées : le vote des résidents communautaires aux élections locales, le financement des campagnes électorales, la loi sur la parité.

Droite et gauche sont aujourd'hui dans l'obligation de trouver de nouveaux électorats et sont contraintes de redéfinir les relations avec leurs alliés traditionnels ou d'en chercher de nouveaux.

Au cours de la Ve République on constate que l'abstention est croissante 15,7 % au 2e tour des présidentielles de 1965 ; 21,6 % à celles de 1995 (2e tour), 28,4 % en 2002 (1er tour), redescendant à 16,03 % pour le 2e tour de 2007. Le tout avec toujours plus d'électeurs inscrits. Ce phénomène se vérifie pour les législatives et les municipales.

L'abstention est encore plus forte pour les référendums, consultation directe et proche des citoyens à qui on demande d'opérer des choix souvent importants (autodétermination de l'Algérie, élection du Président au suffrage universel, élargissement de la CEE, réduction du mandat présidentiel, etc.). En 1958, pour l'approbation de la Constitution le taux d'abstention est de 15,1 % ; en 2002 pour passer à 69,3 % lors de l'approbation du quinquennat.

On remarque aussi que lorsque la participation baisse, l'extrême droite monte. Rappelons-nous des élections de 2002, où l'abstention du 1er tour a été de 28,4 %, éliminant le candidat socialiste et plaçant celui du Front national au deuxième tour.

Ce phénomène de désaffection se retrouve un peu partout en Europe et concerne aussi les élections professionnelles. Les phénomènes abstentionnistes débouchent sur la perte de crédit des grandes organisations nationales que ce soient les centrales syndicales ou les partis politiques

Si l'on regarde de plus près comment se « répartit » cette abstention, on s'aperçoit que seule une partie mimine des inscrits ne va jamais voter. Le comportement le plus répandu est « le vote intermittent », pratiqué par un électeur sur deux. Ces différences de mobilisation traduisent d'abord les divers niveaux d'insertion sociale ; viennent ensuite les facteurs politiques : on se mobilise davantage quand l'issue semble incertaine, tandis qu'un désenchantement provisoire pourrait expliquer la chute de la participation entre 20 et 40 ans.

La reconnaissance du vote blanc permettrait de prendre en compte les électeurs qui, pour une raison ou une autre, ne peuvent ou ne veulent pas choisir et l'indiquent en glissant un bulletin vierge. Le simple fait de venir voter, même blanc, donne sa légitimité au vote. Aujourd'hui, lors du comptage des voix les votes blancs ne sont pas pris en compte comme suffrages exprimés mais regroupés avec les bulletins nuls (bulletins avec signes distinctifs, bulletins groupés pour des candidats différents papiers déchirés, etc.) Si l'on décidait de reconnaître les votes blancs, l'abstention serait peut-être moins importante et ceux qui manifestent leur mécontentement à travers une feuille blanche auraient la certitude d'être entendus.

Cette progression de l'abstention, notamment lors des grandes consultations nationales, renvoie aussi à ce qui fonde l'autorité et la légitimité de l'Etat.

C'est pourquoi la mise en place de primaires pour les désignations des candidats des partis est une bonne chose. Elles impliquent les adhérents d'un parti et font parler au-delà. Les primaires ouvertes à tous sensibilisent la population, l'implique dans un processus d'intérêt à la chose commune et feront nécessairement naître la réflexion et le débat. On s'est aperçu, aux cours de la campagne pour le référendum sur le traité établissant une Constitution pour l'Europe, combien les Français aimaient la politique.

L'image que les citoyens ont de la République se nourrit obligatoirement, de la perception de l'ensemble des services publics assurés par l'Etat, ils sont vécus comme le lien entre les citoyens et la

République. Elle se nourrit aussi de l'image que renvoient les élus. Que penser des abus de pouvoir, des intérêts personnels qui passent avant l'intérêt général, pour ne pas en dire plus. Dans le même ordre d'idée, le citoyen, quand il sollicite d'un élu un passe-droit ou simplement un appui pour faire aboutir une procédure, ne dévoie t-il pas la loi et ne témoigne t-il pas aussi de son manque de confiance dans l'Administration ?

« Pour qu'on ne puisse pas abuser du pouvoir, il faut que, par la disposition des choses le pouvoir arrête le pouvoir » écrit Montesquieu dans L'Esprit des Lois. Le pouvoir des élus vient du vote des citoyens. Ces derniers doivent donc être vigilants et, par leurs votes s'impliquer dans les affaires de la cité. Pour renouer ce lien, sans doute faut-il valoriser la place et l'efficacité de l'administration qui gère le bien commun et former les citoyens rappelant que « L'obéissance à la loi qu'on s'est prescrite est liberté » comme l'écrivait Jean-Jacques Rousseau.

« Des mêmes auteurs »

Instants d'amitiés, Nathalie Kaufmann,
Ed. La Martinière (2000)

Quelle école pour la République ?, Eric Ferrand,
Ed. L'Harmattan (2007)

Quelle République pour le XXIe siècle ?
Ed. L'Harmattan (2010)
Collectif sous la direction d'Eric Ferrand (2010)

Couleurs du désir, Nathalie Kaufmann,
Ed. Le Toucan (2011)

Revue du groupe « La République du XXIe siècle »

Les auteurs :

- *Eric Ferrand :* Animateur du groupe *« La République du XXIe siècle »*
- *Nathalie Kaufmann* : Historienne d'art, écrivaine
- *Sylvain Guy* : Directeur de cabinet d'une collectivité locale
- *Jean-Luc Guyomarc'h* : Directeur de cabinet d'une collectivité locale
- *Judith Khelifa* : Etudiante en droit pénal
- *Jean-Michel Laurent* : Infographiste

Achevé d'imprimer
en France, en février 2012
sur les presses d'ICN